採用を変える
組織が変わる

面接コンサルタント　高岡 幸生

目次

序章　不況は絶好の採用チャンス

第1章　採用とは

採用の目的とは何か

1　経営で一番レバレッジのかかるのが人材……18
2　入社した人材が最短で稼ぎ始めるしくみを持つ……20
3　企業の一人当たり生涯投資は約2億円……21
4　採用の目的は企業のゴーイングコンサーン……23
5　人材戦略の欠如……24
6　たった一人の人間が組織を変革する……26
7　採用とは立派な戦略……28
コラム1　採用がもたらす価値……30
コラム2　幸せな給与……31
コラム3　優秀な社員……33

誰を採用すべきか

1　「優秀な人材」とは……35
2　成果を生み出す人材とは……37

3 普遍的に求められる人 38
4 評価される人材は、企業によって違う 40
5 事業課題から人材像を考える 42
6 競争優位性から人材像を考える 43
7 リスクマネジメントから人材像を考える 44
8 出店戦略から人材像を考える 44
9 世界と戦う自動車会社エンジニアの価値 45
10 自社の課題解決を採用に求める視点 46
11 欲しい人材を「言語化」する。キャラクタライジング 47
12 言語化ではリアリティを追求する 48
コラム 4 顧客価値を考える 51

何を伝えて採用するか

1 ビジョンが人を動かす 52
2 退職の動機が入社の動機 54
3 中小企業はポイントを絞りキリ縦（モミ）でいく 57
コラム 5 採用活動が生み出すブランド 60

第2章　面接とは

採用の極意である面接とは

1　言語情報と非言語情報……64
2　言語情報による判断……65
3　言語情報による判断の3つのポイント……83
4　言語情報はここも押さえておきたい……89
5　事実を作る……92
6　面接とは人間学を学ぶ場である……93
7　非言語情報による判断……95
コラム6　前向きな言葉で頭と口を満たす……97

第3章　採用がうまくいく境界線

採用がうまくいくポイント

1　採用活動を常態化させる……100
2　経営者が採用活動に口も手も出す……102
3　処遇の納得感を提示する……103
4　内定後のフォローは絶対必要……104
5　採用面接で叱れますか……105
6　雇用ではなく投資の発想……107
コラム7　リクルートの採用熱意……108

リージョンズが提唱する「こんな人を採用すべき」

1　リージョンズ基準……110
2　3つの面接基準は高いパフォーマンスの源……116

第4章　暮らしたい場所で思い切り働く　リージョナルスタイルを提唱したい

地方と人材

1　ふるさと創生1億円事業……118
2　採用という職業……119
3　首都圏への人材流入……120
4　地方企業と人材採用……121
5　リージョナルスタイルのすすめ……123
6　地方転職は都落ちか？……126
7　リージョナルスタイルがニッポンを救う……127

転職とはいかにあるべきか

1　人生設計が転職動機……131
2　私と人生設計……134
3　人生設計は幼い時期から始めるべき……136

4　スケジュールを決める心地よさ……137
5　人生設計で大切な視点……139
おわりに……142

序章　不況は絶好の採用チャンス

今ニッポンの企業はあらゆる発想が縮小均衡になっており、絶好の人材採用のチャンスであることに気づいていながらも、手をこまぬいている企業がほとんどという状況だ。オイルショック、バブル崩壊といった不況の時に採用活動をしっかりやり、その後に成長した企業は枚挙に暇がない。こんな時代だからこそ募集をかけて大勢の応募を集め、採用基準を厳しくして、自社にとって必要な人材を見極め、厳選して採用した人材を、適所に配属することで組織の戦闘力を高め、少しでも景気が回復したと同時に攻めに転じる準備の時期だと思う。ことに地方では求人倍率が0.3～0.5などという「いま採用しないでいつ採用するのか⁉」という絶好の採用機会が訪れている。

100年に一度の不況は100年に一度の採用チャンスである。

せっかくの採用チャンスに、乗り出す企業が少ない背景には「先が見えない。ゆえに採用は控えたい」というのが大多数であろうが、そもそも人材採用が苦手である企業が多いからではないかと私は思っている。目の前の人材を見抜けないために自信を持って採用できない。ゆえに採用判断をくだせない、ゆえに採用そのものも先送り、となっている企業が多いのではないかと思うのだ。これまで「どうしたら良い人材が採れるか」は方法論が概念的に語られてきた一方で、肝心の「良い人材の具体的な見極め方」つまり「面接方法」が残念ながらあまり語られてこなかったことが背景にあるように思う。

かの松下幸之助さんは著書（人事万華鏡）の中でこう書いている。

なかなか自分の望むような人はいないものである。また実際のところ、そういう腕を持った人でも、一見しただけではわからない。三年なり、五年、十年と使ってみて、はじめてその人の真価がわかるのであって、最初からはなかなかわからない。そうなると、人を採るについて、心配していたらキリがない。だから、ある程度常識をもって判断したら、あとは運だというように考えて人を求め、人に働いてもらってきたというのが実情である。

松下幸之助さんは独自の人材観で採用面接に臨んでおられたに違いないが、真に伸びるかどうかの鍵はやはり長い間のその人材と企業との間による、努力の積み重ねにあると言いたいのではないだろうか。その意味で慎重に採用は行う、さらに入社後もしっかり育成をしていく、そうした立ち位置が重要であると思う。しっかり見極め、しっかり時間をかけるのが人材投資の在り方だと思うのだ。

本書では採用面接にかかわる経営者、管理職（部課長や店長）、リーダー（係長や主任）のために優秀な人材の見極め方、そして自分自身の組織の活性化ひいては会社全体の活性化について、いかにすべきかを投げかけていく。私は優秀な人材さえいればどんな事業も立ち上がると信じている。しかしその大切であるはずの採用の、そしてその採用を決めるための大切な道具である面接が軽視されている背景には先ほど申し上げた通り大多数の「面接官」が「見極め方を知らない」ことが影響しているように思う。

私は「面接のやり方」に関する講演をよくするが、聞くとほとんどの経営者は「面接時間は30分以内」であり「面接の時間中、自分が50％以上話している」という。たったの15分程度では人を見抜くどころかその人物のことをほとんどわからないまま採用しているのと同じだ。

こうした「いい加減な」面接で入社させた人材に対して「期待して入社させたがなかなか一人前にならない」「言われたことしかやらない」「また辞めた、なんで辞めるのだろう」など日常的に不平不満や期待はずれな言葉が職場では渦巻いている。そうした日常では業績の確保など夢のまた夢という話になってしまう。

本書は「採用から始まる組織と人の不適合」を取り除き「採用を変えることで組織が活性化する」ヒントがある実践の本にしたいと思っている。すでに在籍している人材の活性化はもちろん大切だが、第二創業と位置付けて新しい計画を採用からスタートしてみてはいかがだろうか。そんな投げかけを随所でさせていただきたいと思っている。この本をきっかけにして「採用活動の重要性が認識できた」「面接が楽しくなった」「すぐに採用を始めた」という企業が増え数年後に「あの時の採用で会社が良くなった」「あの時採用しておいてよかった」という声が聞こえれば人材紹介会社社長としては望外の幸せである。

第1章

採用とは

採用の目的とは何か

1　経営で一番レバレッジのかかるのが人材

投資の世界でよく使われるレバレッジ（梃の原理）という言葉。1円を投資して100円を回収すれば「100倍のレバレッジ（テコ）がかかる」と言う。経営とは経営資源への投資の繰り返しであるが、経営資源の中で最もレバレッジが効くのは人間ではないかと思う。人間に対する投資でレバレッジという言葉を使うことに不穏当さを感じる向きもあろうが、わかりやすいので使おうと思う。たとえば年間で500万円の給与の人が、1億円の利益を生めば約20倍のレバレッジがかかった状態である。つまり経営者は500万円を投資して9500万円のリターンを得たということになる。世にいう不動産賃貸経営の世界では10％、よくても20％ぐらいの投資回収率がせいぜいである。株でも1000円で購入した株が2倍の2000円になるのは稀である。ところが、人材投資なら年収500万円の人材がレバレッジ20倍の1億円の利益を生むなんてのはザラだし、レバレッジ200倍で10億円の利益にすることをやってのける人材だっているはずだ。しかし人材はレバレッジが効きもすればまったく効かないこともある存在だ。レバレッジが効かない人材の場合は日々の生活費（業務用の交通費やデスクの置いてある面積当たりの家賃など）が逆ザヤになっていく。人材とは経営次第でいくらでもパフォーマンスを高めることができ、経営にとっては最重要な存在である。

2 入社した人材が最短で稼ぎ始めるしくみを持つ

先に述べた通り人材こそが最も投資効率を高めやすくレバレッジを効かせやすい投資対象である。人材への投資費用とは採用経費＋人件費である。人件費が最も安いのは一般的にアルバイトやパート、次いで新卒の順である。最大のレバレッジを生む存在である人材について、さらに投資効率を高めようとすれば、人件費が安い人材のパフォーマンスを極大化する発想を持つべきである。必要なのは「素人が入社から短期間に戦力化するしくみを作る」発想である。さらにレバレッジが効くまでの期間を短くしたいなら「入社して最短で戦力化するポテンシャルの高い人材の採用」をすることだ。最短で戦力化するプログラムの存在と、最短で戦力化する人材の採用、これこそ企業成長の最重要ポイントであると思う。ここに徹底的にフォーカスして投資効率を最大化している企業こそ、最大の成長を実現している。

新卒学生を3桁の規模で採用し、レバレッジをかけて急拡大してきた企業は、これまでの日本経済において枚挙に暇がない。大事なのは企業が成果を生み出す人材を見極めて採用し、自社のビジネスモデルにおいて最短で最大のリターンを生み出すしくみを作る、そういう視点を経営者が持つことである。

3 企業の一人当たり生涯投資は約2億円

経営者と話をしていて驚くのは、面接にかける時間は30分以内という人が8割を占め、さらにほとんどの人がその30分間のうち50％程度を自分が話しているという事実である。一方、20歳で入社して60歳で定年退職する人材が平均的に受け取る生涯賃金は平均年収500万円とした場合概ね約2億円であり、この場合会社が負担する社会保険費用が3000万円程度であるから、総額で2億3000万円の投資を行うことになる。この2億3000万円の投資に、なぜ本気でレバレッジをかけに行く発想を持たないのか。私は人で金もうけをせよと言っているのではない。経営者がレバレッジをかける発想を持つことこそ、入社した人材が早く成果を出すことにつながり、結果として双方の幸せにつながると考えるからである。面接で判断する時間がたったの15分程度では「投資」の判断にしては短すぎるし、何よりも30~40年という永いつきあいを始める「出会い」としては安直すぎる。私は1回の面接には少なくとも1時間はかけたいと思っている。その人物の生い立ちや人となりをじっくり知り、その人と今後の職場の人生を一緒に過ごしていける人なのかどうかを見極め、一緒に働くからには早期にレバレッジがかかるよう本気で仕事を教え込み、物心両面の幸せを追求してともに人生を充実させたいと思うのだ。

4　採用の目的は企業のゴーイングコンサーン

企業にとって、採用の究極の目的はゴーイングコンサーン（「企業活動は永遠に続く」という意味）にある。ゴーイングコンサーンに向けて競争力を維持発展させるための手段が採用。企業が将来にわたり勝ち続けるための人材確保こそ採用の目的であると思うのだ。競争力を保ち高めるために誰が必要か。ここに各社が発展するための採用の答えがある。毎年事業を大きく拡大しようと思えば、競争力を発揮できる人材の採用を継続するのが近道だと思う。そしてこの競争力を発揮できる人材こそがその会社にとっての「優秀な人材」と定義することができる。

5　人材戦略の欠如

たとえばある企業が他地区に進出しようとした場合、営業拠点を構え、オフィスの準備をしてから「所長をハローワークで募集しろ」という指示がでているという現実が多くの企業にある。これでは営業所の立ち上げなどうまくいくはずがない。しかし、ほとんどの企業ではこのくらいの発想で人材採用が始まる。計画的に戦略的に人材を採用し続け、人が揃った段階で思い切って打って出る、というのが本来の事業展開の在り方だと思う。優秀な人材がやらなければ事業はお金と時間を浪費するばかりなのだ。一方で中小企業に限らずほとんどの企業の採用は苦しいというのが現実である。中小企業に限らず大手や上場企業でも、採用で苦労している会社のほうが圧倒的に多い。なぜかというとほとんどの企業は社名を知られていないからだ。知っている企業名をいくつか挙げてみよと、その辺を歩いている人に聞いてみても、すぐに出てくる社名など10もない。就職活動に臨む新卒の大学生だとせいぜい5〜6社くらいしか初めのうちは知らないはずだ。この裏返しはほとんどの企業が採用活動に本気で取り組んでいないということ。知名度を高める努力も時間も予算も、人材も割けていない。求人倍率は0.7倍を超えると採用しにくく感じるという。少しでも景気が良くなれば求人倍率が1.0倍を超える地域はいくらでもある。だとすれば尚のこと、どこの会社も思うような人材を採用できているはずがない。それなのに採用に熱を感じない経営者が多いのはなぜだろうか？　新卒も中途も年齢も性別も超えて自社にとって有為な人材を探し続ける、採用の質を永遠に追及することこそ企業発展の鍵だという認識がないからだと思うのだ。企業が採用を経営の最優先事項に挙げるようになればもっと世に求人が増え、それに連れて求職者が増え、人材の流動性が高まることで採用に熱心な企業に人が集まり、集まった人材で企業力を高めた企業がさらに強くなり、そうした企業が増えることでニッポン全体が活力にあふれるようになると思うのだ。つまり努力する企業が報われる社会になる。しかし現在は一部の企業だけが採用とその受け皿（短期で育成するしくみ）づくりに熱心でありそれらの企業だけが「人材リッチ」な状況といえる。

6 たった一人の人間が組織を変革する

私は株式会社リクルート（以下リクルート）の求人広告部門に15年在籍したのだが、マネジャー時代の体験談を書きたい。求人広告の営業は経営者相手の訪問営業であるので、人好かれのするフットワークの良い営業がいれば売り上げは上がっていく。マネジャーになって最初に採用したS君は、適性検査のデータを見ただけで即採用を決めた。適性検査のデータ項目に「身体活動性」という項目があり、これが右に行けばいくほど「激しく動く人材」「すばしこい人材」ということになるのだが、彼はまさにこのデータが「右に振り切れて」いた。当時私はマネジャーに昇進した直後で高揚していたこともあり「売上を倍にする目標」を掲げていた。売上を倍にするというのは日々の売上を倍にするということなのだが、営業は皆「笛吹けど踊らず」という状況であり、彼らを動かざるを得ない状況に追い込むのに、彼は下から突き上げるための格好の人材だった。すぐに採用したが案の定、入社後すぐに前職の証券会社で鍛えた飛び込みの技術で、動きに動いて周囲に「先輩の皆さん、正直ぬるいっす」という名言を吐きまくった。その後も何人か組織を活性化させる観点で人材を採用していき、周囲も動かざるを得ない状況にしていった。このようにたった一人の人材が組織変革の起爆剤になる。

7　採用とは立派な戦略

　ある量販店では大手流通企業の売り場責任者を中途で採用した。チラシを使い顧客を呼び、呼んだ顧客を魅了する売り場を作れる人であった。この人材が入社してから、この会社は他県への進出を旺盛に行うようになった。新店舗をオープンして顧客を呼ぶ仕掛け作りがこの人材の真骨頂であり、彼の採用が会社の事業展開を劇的に早めた。このように人を採用することもシンプルながら立派な戦略になりうるのである。前出の私の売上倍増計画の時も、当時の会議で先輩管理職から「売り上げを倍に伸ばす戦略は」と聞かれ「人を増やします」と答え嘲笑を買ったのを覚えている。しかし、その年は人を増やした結果、売上実績を倍近くまで伸ばすことができ評価を得た。実績を買われ他の拠点に異動、ここでも人材を増やし2年間で顧客数3倍・売上2倍とし、事業部の部長になった。このように人を増やすことは、結果が伴う立派な戦略なのだ。

コラム1

採用がもたらす価値

リクルートに勤務していた時、福島県に営業所を開所した。開所式当日に忘れられないエピソードがある。取締役や東北支社長らとともにX社の創業者である社長を訪問した時のこと。帰り際にエレベーターに向かい、前を歩く社長は後ろにいる私たちに「私はリクルートには本当に感謝しているよ」と言ってくれたのだ。オイルショックの頃に採用で困り果てていた社長を救ったのは私の大先輩の営業だった。当時はオイルショックで大手企業が軒並み採用を手控えたために、中小企業にとっては絶好の採用チャンスの時であった。「思い切って採用に投資をしましょう」という提案を受け入れていただき、狙い通りの人材獲得に成功していたのだ。そしてその時にまだ成長途上の企業に入社を決めた若者たちが、その後の成長の立役者となった。また営業所開所当時はリクルートの取引先が皆上場していたことか

コラム 2

ら「福島のリクルートに相談すれば上場ができる」などという素敵な噂が福島の一部の経営者の間でささやかれ、営業所にも何人か経営者が訪ねてこられた。私も立ち上げの経験で一皮剝けることができた。

幸せな給与

私は収入が高いことは必ずしも社員の幸せだとは考えていない。転職に成功する人はどちらかと言えば現在または前職の給与が世間水準より低い人たちのほうだ。人間の生活は給与水準が高くなるにつれて贅沢になる（コスト高になる）ものである。一度高い給与をもらってしまうと下げることが困難になる。転職時に自分が好きな仕事に就きたくても、その仕事の給与が安いとそれまでに高給だった人はチャレンジすることに躊躇してしまう。給与がそれほど高額ではない人のほうが、むしろ軽やかに好きな仕事に就け、幸せになりやすい。また、給与はどう決まるかと問われれば「どれだけ稼ぐ力があるか、収益を生み出す力があるか」であると答える。収益を生む力のある人材がより多くの収入を手にする。20代のうちは職種・業種間での給与の差は大きくないが、40代に入ってくると収入の差は広がり始める。つまり収益力に差が出てくるために収入に差が出始める。たとえば経験のある財務のプロの場合、銀行からの融資を取り付けたり、遊休資産を活用し利益を生みだしたり、一人当たり生産性を向上する施策を導入するなど会社全体へのインパクトが大きく、生み出す利益が大きいため自然に給与は高くなる。巨大企業のＩＴ大型投資を獲得できるようなソリューションに長け大きな組織を攻略できるベテラン営業の給与は高くなるのは当然で、事実高い。給与が高いことは生み出す収益とリンクしてしかるべきなのだ。そして収益を生む人材は常に需要があり、供給は少ないた

コラム 3

めに自然に収入は高くなる。このように需要と供給の原理は収入にも働くのである。

優秀な社員

「優秀な人材とは顧客を増やすことのできる人」という定義が正しい。私は以前勤めていたリクルートでは優秀な人材であったと自負している。新規の取引先獲得が得意だったからだ。というのも前職での17年間のうちの15年間は営業部署に所属しており、私の思想は営業の生存要件は「目標を達成すること」であり、それゆえ「継続して目標達成して当たり前」という考え方であった。51ヶ月間連続目標達成、通年の最優秀営業賞を連続受賞など、会社と約束した目標はことごとく達成してきたゆえの勲章がある。私はリクルートの営業部門では求める人材像そのものであったと自負している。優秀な営業とは「常に」「継続して」高い業績を出す人材のことである。当時の私に対する得意先からの評価は「時間に正確」「ウソをつかない」「熱心だ」というものだったが、私にしてみれば「当り前のことができない営業が世の中に多い」という思いがあった。だから常に意識していたのは顧客である社長と、対面で営業している人との差別化であった。銀行の支店長、証券会社の支店長など経営者と会っている人々といかに差別化するかを意識していた。結果、ある社長は銀行の支店長と話しているときに私が飛び込みで訪問しても、支店長を帰して私を優先してくれるようになった。

誰を採用すべきか

1 「優秀な人材」とは

優秀な人材とはどう考えるべきであろうか。

プレゼンテーションの上手な人?

創業まもないコミュニケーションの密な会社では、社員へのプレゼンテーションの巧拙は関係なく、圧倒的な商品力のある会社には顧客へのプレゼンテーションの技術はそもそも不要である。

MBAホルダー？
事務処理能力の高い人？

これらの定義は一見どの企業にとっても正解であり、しかし事業が異なれば不正解とも言える。大事なことはその会社が「何（商品やサービス）を顧客に提供してお金をいただいているか」つまり「顧客にどんな価値を提供して換金しているか」という「顧客価値」に着目することである。自社が「どのような競争環境にあるかを考える」ということだ。自社以外にどこの会社も開発していない商品を扱う営業にとっては「商品そのもの」が顧客にとっての価値であり、競争相手が多く同質化が進んだ（競争が激しい）業界では「価格対応力」かもしれないし納品の「スピード」かもしれない。会社の置かれた状況により提供する価値は異なるわけで、そうすると会社により、優秀な人材の定義は違うのである。

2　成果を生み出す人材とは

人材が成果を生み出す源泉は、学歴の高さや知識や資格、技術といった履歴書に文字で書かれているものだと思われやすい。事実ほとんどの採用シーンでは学歴や資格、技術をもとに採用判断がなされている。現実のビジネス現場では、顧客からの想定外の依頼や大企業の新規参入などの予期せぬ外部環境の変化など、新たに情報を収集し多くの人と協力して解決していく課題に直面する。よって学歴の高さや知識や資格、技術などよりも、新たに自ら課題を設定してそこに向けて前向きに努力していく能力のほうが直接仕事に役立つ。考え方や行動を柔軟に変化させる能力が重要だ。思考回路、行動こそ成果を生み出す源である。さらに言えば、働く動機が強ければ仕事の成果を生み出すエネルギーはさらに高まる。成果を生み出す人材の要件は「知識・技術・資格＜考え方・行動特性＜働く動機」という構造なのである。採用において判断すべきはこの考え方や行動の特性であり、これらは「才能」という呼び方ができると言える。そしてこの「才能」は生まれてから現在に至るまでの間に営々と身につけていくものである。

3 普遍的に求められる人

人口が増える社会、つまり右肩上がりの経済環境下で従業員に求められた能力とは、「目標に向かい努力する能力」であり、それさえあればよかった。なぜなら右肩上がりの社会ではどんな商品でも売れるからであり、誰が経営トップであろうとビジネスがうまくいく時代だからだ。しかし、人口が減少に転じ始めた現在は、従業員のひとり一人が職場の問題を捉え、「学習しながら」「周囲と協調して解決していく」能力が求められている。世の中の変化の中で組織が生き残れるかどうかは、変化についていける人材が何人いるかにかかっている。それゆえ採用に携わる人の役目は大きく、逆に採用に経営者が関わらないのは、責任転嫁どころか経営の根幹にかかわる大問題だと思う。また採用面接に臨んでも、履歴書や職務経歴書のみで判断して説教を始めたり、目につく部分（短所）ばかり質問して長所に関する部分に触れないとか、質問は2～3個で終了して自社の説明を開始するなど、候補者にしゃべらせないで一方的に経営者が話すケースが驚くほど多い。15分程度面接して、結果「今回はご縁がなかったと思ってください」などと決まり切った言葉で断わることも多発している。企業収益を生み出すのは人材。今この時代こそ経営者の責任において採用を実行すべきだと思う。

4 評価される人材は、企業によって違う

企業にはそもそもの設立の趣旨がある、小さな喫茶店や居酒屋にも商売を始めた動機があり、それはお店の名前に表現されていたりする。この創業の理念を実現するために戦略が生まれ、その戦略を実行するために組織が作られ、その組織を動かすための行動規範とその結果に対する評価がある。これが企業の骨格である。だから褒められる行動は企業によって異なる。たとえばとにかく飛び込みで件数をこなす動きをする営業が褒められる企業もあれば、計画的に動くことを求められる企業もあるだろう。これはどういう行動をとると業績が上がるかがその企業によって異なるからである。たとえばラーメン店を比較すると店長から「怒られる」事柄には違いがある。入店してくるお客さんに「いらっしゃいませ」と言わないスタッフを叱るお店と叱らないお店がある。それは接客にこだわっているお店と味にこだわっ

ているお店の違いであり、気持ちの良い言葉でお客さんを喜ばせたいお店と、味でお客さんを喜ばせたいお店の違いである。あなたの組織ではどうだろうか？　どういう行動を褒め、または叱るだろうか。この褒める人材、叱る人材をはっきりさせることが的確な採用をするための第一歩である。褒める人材こそあなたの組織で活躍する人であり、必要な人材＝採用すべき人材なのである。経営者なら誰でも答える「コミュニケーションのとれる人」「素直な人」「人のせいにしない人」といった一般論的な良い人材像というのはもちろんベースにある。しかしその会社が実現したいこととそれを実現するための方法が異なれば、評価される人材像も当然異なるものになってくる。先ほど例示した、ラーメン店の「戦略」の違いによる人材像の違いはわかりやすい例だがいくつか事例を示そうと思う。

5　事業課題から人材像を考える

チェーンストアでは店舗の粗利益率と商品の回転率を掛け合わせた交差比率が重要な経営指標である。

ある企業では紳士服を扱っており、高い交差比率を誇っていたが競争激化により急激に低下した時期があった。この企業では交差比率がある基準を下回ると、翌日から店舗の電気を落とし他業態への転換もしくは閉鎖という経営判断をしていた。他業態への転換が難しい場合は店舗の賃貸契約を一括で清算する必要が出るため、なるべくならば業態転換が望ましい。したがってこの企業で求められる人材像とは転換すべき業態を考える能力や、世の中で流行っている業態を掴む能力、どんな業態でも収益を生むよう商売を楽しめる能力を有する人材ということであった。

6 競争優位性から人材像を考える

信用組合の大卒採用をお手伝いした時に私が提言したのは「〝地方銀行からの採用内定を辞退して信用組合に入組します〟と言う人材を採用したい」というものであった。間違っても地方銀行を採用不可になった人間を採用してはならない。なぜなら信用組合は地方銀行と同じエリアで営業展開をしていくため、同じ家の軒先でばったり出くわして、スーツについているバッチや名刺で自分が落とされた地方銀行と気づいたら引け目を感じ、一歩引いてしまう可能性があるからだ。営業現場で勝つためには地方銀行を蹴り、敢えて信用組合に入って来た人材でなければいけないというのが私の提案だった。

7　リスクマネジメントから人材像を考える

ある外食企業では採用時に運動神経を見ている。運動神経が極度に低い人の場合、料理を提供する際にお客さんが急な動きをした時に対応できず、ぶつかって料理をかけ、お客さんにやけどをさせてしまう可能性があるからだ。そのためリスクマネジメントの目的で運動神経を見ている。経営上のリスクを採用基準に加えた至極もっともな話である。

8　出店戦略から人材像を考える

流通・小売や外食、レジャー・アミューズメント業で出店が重要な事業戦略である場合、短期で店舗を任せられる成長の早い人材の確保が肝となる。そうなると、早くから（若くして）、責任ある立場で人をマネジメントしたいという「成長意欲」の強い人材を求めることになる。

9　世界と戦う自動車会社エンジニアの価値

フラッシュメモリ（半導体）で世界シェアを争っている会社に自動車メーカーのエンジニアが応募してきた。自動車メーカー出身者は採用対象ではなかったのだが、何か閃くものを感じた採用担当者が社長に履歴書を見せて判断を仰いだ。すると社長は「我々は世界を相手に未開の分野を切り開いている。自動車という世界水準の業界で戦っているエンジニアこそ採用しようじゃないか」と採用することになった。そのエンジニアは入社後、ラインで半年かかっても解決しなかった問題を2週間で解決して見せた。

10 自社の課題解決を採用に求める視点

採用とは究極のエゴイズムの発露である。というのも採用は経営課題解決のための一手段だからだ。解決したい経営課題が明確な経営者は、課題を解決してくれる人材をこう表現するはずだ。「○○ができて△△もできて、かつ□□もできる人」。企業は採用活動においてこうした目先の戦術に思いきり従うべきと思っている。つまり今の経営課題を解決できる人材を採用するのが採用の目的である。直面している経営課題を解決できる人材こそ自社で活躍する人材である。（5年先の競争環境を想定して新卒を採用しよう、などというのは眉唾である。そもそも5年先の計画を考えている余裕のある企業などない。）

11　欲しい人材を「言語化」する。キャラクタライジング

エゴイズムの発露のとおり自社で活躍する人材を言語化できたら探しに入る。「いい人いたら頼むね」と従業員に探してもらったり、周囲の人に声をかけたりする経営者も多い。求人票にしてハローワークに出したり、求人広告を出したりする。しかしこれではなかなか見つからない。「いい人いたら頼むね」程度の依頼では誰も心に留めることがないからだ。大切なのは「何歳で、今どういう職場で働いていて、もっと言えばどんな気持ちで働いている人なのか」ということだ（私の前

の職場ではこれをキャラクタライジングと呼んでいた）。人に伝えて欲しい人がどんな人なのかのイメージが、ありありと湧くような表現で伝えなければ求める人物とは出会えない。

12 言語化ではリアリティを追求する

たとえば「27歳、大学を出て地元資本の伝統的な商社に入社、３年間真面目に営業をして社内の評価もそれなりに得ていた。年功序列のため上が詰まっており、将来的な出世に不安を覚え転職を決意。現在は携帯電話の販売店で部下５人を抱える店長として活躍している。営業時代に比べると仕事は楽である上に給与も良い。しかしそれゆえに将来への漠然とした不安を抱えている。「変化するなら今」そう考えているが行動に移せないでいる。」……これは私が営業マネジャー時代に実際に行った求人広告のキャラクタライジングだが、このキャラクタライジングには意図があった。「先の不安を払拭するためにがむしゃらに働きたいと思う20代から30代前半までの若者」を採用ターゲットにしたのだ。キャラクタライジングができ、欲しい人材像が鮮明になると、伝えたいメッセージが明確にできる。そうするとハローワークの求人票も、求人広告に出す原稿も表現すべきことが絞り込めてシンプルになり、強力なメッセージを発信できる。私が求人広告を通して伝えていたメッセージはこれだ。

くすぶり続けている成長意欲を存分に発揮できるフィールドが
新潟のリクルートにあります

このメッセージで始まる求人広告により7人の優秀な営業を採用した。皆一様に「くすぶる」という言葉に自らを投影しており、「このままではまずい、でも何か行動したい！」という心理を醸成し「この会社でなら何かを始められるかもしれない、一度話だけでも聞いてみようか」という行動を喚起できたのだ。

コラム 4

顧客価値を考える

運転代行会社の社長から「昼間に稼働しない車と人材を、有効に活用するビジネスを考えて欲しい」とのオーダーを受け、運転代行が生み出し提供している顧客価値から考えてみた。「酔った人が酒酔い運転で逮捕されない価値」「酔った人が寝ている間に自宅にお送りする価値」「人の代わりに運転する価値」……「代」わりに「行」うのが「代行」。ならば、人の「代」わりに仕事を「行」う「人材派遣」はどうかと閃いて、さっそく事業を提案した。軽作業系の派遣ビジネスである。「おもしろい」と経営陣は納得し、営業して回り事業を始め初年度の3ヶ月で2000万円の売上げを上げた。当時売上高9億円で赤字の会社が、現在は売上高36億円で3億円の経常利益を誇るまでになった。顧客価値を考えることで、新規事業が立ち上がったのである。

何を伝えて採用するか

1　ビジョンが人を動かす

何を伝えて採用するのかと言えば、それはあなたの組織が何を実現したい組織なのかを伝えることである。入社してくる人材へ、目指すことになる職場の夢を伝えるのだ。ここで言う夢とは目標数字のことではない。それは単なる目標であって、夢とはその目標数字を達成することで実現したいこと、つまり世界観のことだ。たとえば流通小売業が「全国１０００店舗の達成」を目標としているのであれば、その１０００店舗によって実現するのは、お客様が自分の家のすぐそばに店舗があることで、いつでも利用できるようになったり、価格が下がったりすることで実現する「便利な社会」である。これを夢という。夢を伝えた募集に応募してくれた人材が、普段の応募の人材と異なることは実践してすぐに感じることだ。夢に共感して応募してくれた人材は訪問した時に目が輝いている。こちらが話す間にひたすらメモを取っている。おじぎが直角だったりする。求人票や募集広告に夢を盛り込み、会社説明会でも面接時にも夢を語り、入社後も夢を伝え続ける。これこそ採用活動をする際、常に意識すべきことだ。夢を語り続けることこそ採用の主たる実務だ。夢はシンプルなものでよい。大事なのは明確に語ることである。そしてその夢こそが応募者にとってかけがえのないやる気の源、つまり働く動機になっていく。動機こそ人材が能力を発揮する原動力となる。

2　退職の動機が入社の動機

退職する人の動機は大きく「業界特性・仕事内容・地域性・給与・人間関係」の5つであると言われる。これら5つの要素は自社の何をどう伝え採用すればよいのかのヒントになる。ものは言い様、伝え様である。

▼業界特性

たとえば建設やＩＴ業界は元請け側と請け負う側の立場が決まっており、請け負う側が常に頭を下げ続けるというのは不変の構造である。こうした個人の力ではどうにもならない業界ごとの構造や商慣習から逃れたいという時に、人は転職活動に移行する。自社の置かれた業界の現状とどうしていきたいかを前向きに語っていく。どの業界でも光と陰はあるものであり陰の部分を経営者自らがどのような意思で変えていこうとしているかを語るところを応募者は見ている。

▼仕事内容

仕事の向き不向きは必ずあるものである。また「他人の芝生は青く見える」の諺どおり、人がやっている仕事は楽しそうに見えるものである。仕事の面白さややり甲斐を語る。一方で大変さやこの仕事ならではの苦しみを語る。あくまでも良い点、悪い点の両面を訴求しながら応募者にとっての魅力につながる話に仕立てていく。

▼地域性

東京から故郷に戻りたいというのが一般的だが、自分の妻の実家にＩターンしたいという方も多い（ちなみに奥様の実家に自分がＩターンというケースは転職が成功するケースが多い。実家に近いので奥様の精神状態が安定するからであると思われる）。また首都圏でも横浜在住の人が埼玉や千葉に通うのは大変ゆえに、都内南部・西部や神奈川方面に転職したりする。地域を変えることによって得られるメリットデメリットを伝えたい。

▼給与

一昔前の求人広告によくある「委細面談・高給優遇」という情報は不安が先に立ち応募が来ない。採用基準を満たした時の最低給与を提示したうえで「これはあくまでも最低限の給与です。あなたの前職の給与を考慮し、納得のいく形で決定します」。という表現の方が安心して応募しやすくなる。

▼**人間関係**

転職動機ではこれが実はいちばん多い。誰しも「人間関係を一度リセットしたい」衝動にかられるものである。

自社にはどんな人がいるのかを伝えたい。会社の平均年齢、経営者や上司のパーソナリティ、サークルや飲み会の頻度など多岐にわたる会社情報を伝えたい。

3　中小企業はポイントを絞りキリ縦（モミ）でいく

中小企業を入社先として検討する人材は、そもそも中小企業の良さを認識しているものである。中小企業に魅力を感じる人材にとってのＰＲポイントとは、大手がＰＲするポイントとは真逆になるはずである。キリで穴を開けるが如く一点突破で

PRしていく。以下は私が実際にお手伝いした企業のキャッチコピーである。

【人に使われる人生でいいですか】

【小さい会社ゆえのチャンスがあります】

【FC・のれんわけ・事業継承チャンスがあります】

【できあがった組織がいいですか】

【大勢の中で埋もれますか】

【従業員は10人しかいません】

【社内規則のうるさい会社がいいですか】

【稟議書や申請書のない会社です】

【ゴタゴタうるさく言わない会社です】

【社長に意見が言えない会社がいいですか】

【社長に意見しないと怒られる会社です】

【ウチの社長は「俺に意見しろ」っていつも騒いでいます】

【35歳の取締役がいる会社です】

【なぜ多くの学生は、大手銀行に就職したがるのだろう。
なにも知らないくせに】

【どの会社を選んだら人生の勝利者になれると思いますか】

【フロンティアへ飛び出すか？　敷かれたレールに乗るか？】

【36歳のトップと気鋭の社員が取り組むリゾート旅館のトライ&エラー】

コラム 5

採用活動が生み出すブランド

採用活動を熱心にしていると思わぬ副産物があることに気付く。それはブランド醸成である。これは就職活動をする側に立ってみるとよく理解できる。就職活動では誰しも様々な会社の求人情報をじっくり読み込む。経営理念や事業内容の理解から始まり、会社の沿革、事業の戦略、商品やサービス、募集条件、業務の内容、給与、休日休暇……真剣に集中して会社の情報を吟味する。法人営業に携わる人でもない限り、ここまで真剣に企業情報を読み込むことは日々の仕事においては他にないだろう。こうした企業の情報を読み込む行為を通じて、人はその会社に対する理解を深める。提供されている情報が正しいかどうかは別として、強烈な刷り込みを受ける。（人気企業ランキングなる新卒の学生が選び出す企業群は、そもそもの知名度が高い企業が多い。しかし時おり、一般的には無名の企業がランクインすることがある。こうした企業は学生が集まるリクナビなどの就職サイトで、就職活動を始める時期にあわせて、集中的に大量の広報を行うことで一気に知名度を高めている ケースが多い）応募者を自社説明会に参加させて経営者が自ら自社の説明を行い、創業のきっかけやなぜこの事業を行っているのかという自社の存在価値や、他社と比較したシェアの状況など、自社の優れている点を懇切丁寧に説明する。その場にいる応募者は就職のために来ており、自分が入社するかどうかを判断する場であるため、ことのほか情報収集意欲は高く提供される情報をどんどん吸収していく。入社しようがしまいが、吸収した情報はその後もその人材の中で生き続ける。採用活動を通して広報を強化することは、そのあと長期にわたるブランドを手に入れることになるのだ。

第2章

面接とは

採用の極意である面接とは

1　言語情報と非言語情報

面接で判断する情報には言語情報と非言語情報の2つがある。応募者が語る言語情報は言わばソフトウェアであり、表情や礼儀といった非言語情報はハードウェアである。面接ではこの2つの情報をバランスよく勘案しながら収集することが求められる。

2　言語情報による判断

▼面接とは理解することと理解されること

面接では話を聞くことが第一義、こちらから伝えることは第二義である。話を聞くことに時間のほとんどを割くべきである。そして話は事実と思いとに分けて聞く。選考において大切なのはその人の思いよりも事実である。自社の戦力になる人かどうかを過去の具体的事実により判断をしていく。面接にはその人の理解という目的の他にその人を口説くという目的もある。人間は聞かれれば聞かれるほど口説かれていく。誰しも自分に関心を持ち、自分を理解してくれる人を好ましく思う。営業活動も同様であり、クライアントを理解してクライアントの利益につながる提案をする営業は、クライアントから好かれ、高い業績を生み出す。採用では応募者を正確に理解しようという姿勢がまず共感を呼び、正確に理解する過程で人材は口説かれていくのである。

▼言葉について

言葉が持つ力に気づいていない人が多い。世の中には前向きな言葉を発する人と後ろ向きな言葉を発する人とがいる。前向きな言葉で前に進む人は、前向きな結果が出た時さらに前向きになれる。なぜならば思ったとおりの良い結果が得られることに喜びを感じられるからだ。後ろ向きの言葉を発する人は良い結果が得られても喜びを感じられない。これは良い結果にすら、後ろ向きの感想しか持てないからだ。面接での採用判断は使う言葉しだいであるのだが、言葉を慎重に選ばない人があまりにも多い。人は言葉の重要性をもっと認識すべきであるとつくづく思う。面接で発せられる言葉はそれがその人を判断するすべてになる。

人間は何かを決めるときの決断は必ず頭でしており、何か行動を起こすときには必ず頭で考えてから行動する。この決断の基準は自分が持つ言葉である。それ以外の基準はありえない。人間は自分が持つ言葉からしか発想できない。そして言葉は思想から発せられる。それゆえ言葉の蓄積が思想であり「日々の発言がその人の思想をかたちづくる」といえる。明るい人は思想が明るい言葉で満ちており、暗い人は思想が暗い言葉で満ちている。行動的な人は行動に移れる言葉が常に頭にあり、動けない人は動けない言い訳が常に頭の中にある。面接で使われる言葉には注意したい。出てこない言葉まで類推する必要はない。出てくる言葉がすべてだ。

▼面接3つの心構え

❶具体的な質問をする……抽象的な質問には抽象的な答えが返る

昔からよくある商人同士の会話で「どうでっか?」「ぼちぼちでんな」という会話に象徴されるとおり、人間の会話は抽象的に聞かれることに対しては抽象的に返されるものである。「先月何万円儲かりましたか?」と聞けば「100万円です」と具体的な返事が戻ってくる。面接でも「就職活動はどうですか?」と聞けば「はい、がんばってます」と返ってくるし「他に受けている社名を教えてください」と聞けば具体的な社名が返ってくるはずである。

❷価値観を込めた質問は控える……相手に余計な思いを抱かせる

たとえばある学科出身の人材が応募してきたとする。その学科は面接官が常々自分の子供には決して進んで欲しくないと思っている学科だったとする。「この学科に進むにあたり親御さんは反対しなかったですか?」などと自分の価値観に照らした質問をすると相手はどう感じるだろうか。「なぜこの人はこんな質問をするのだろうか」と思い、仮に内定が出て採用となってもこの質問は相手の心の中に深く残ることだろう。

❸ 相手にいい人生を送ってほしいと心底思うこと ……不思議議と伝わる

この面接は候補者との長い付き合いの始まりかもしれないし永遠の別れかもしれない。いずれにせよ相手の良き人生を願わずにおれないという姿勢が良い結果をもたらす。気持ちは不思議と伝わるものだ。そして採用になれば信頼感はこの面接から始まり、不採用でも自社に対する信頼感を持った状態での別れになる。

▼過去の事実

面接では何をするのかといえば、それは過去の事実を掴み、その人の過去を正確に振り返っていくことである。面接とは、その人の過去を探求することでもある。「人間は過去の囚人」との言葉があるが、人間は過去における自分自身の決断の仕方をなぞる（過去の判断のしかたに囚われる）ものである。人それぞれに過去における判断の仕方は異なるものであり、人それぞれに過去の判断方法を模倣する。面接の極意とはこの「過去そのもの」や「判断のくせ」を探ることに他ならない。人材を組織に迎えた後の行動は、その人材の「過去の判断のくせ」をなぞって実行に移されていくからだ。わかりやすい例として服の購入の仕方や異性との別れ方がある。トータルコーディネートで服を選ぶ人と、一点豪華主義で服を選ぶ人がおり、別れてから次の異性に交際を申し込む人と、二股をかけてから別れる人がいる。自分の過去の判断のくせを、知らず知らずのうちに模倣し続けるのが人間である。

▼事実の押さえ方

その人の歴史から「事実」を掴む。どのように知恵を絞り、工夫をし、努力をし、やり抜いたか、振り返ってどう思うかを、とことん聞いていく。以下の二つが聞く骨格である。

①「幼少期、小学校〜大学に至るビジネス前の歴史における事実」から

学校・部活動・アルバイトの選び方はどう選んだか、その取り組みはどうだったか、振り返って何が身についているか、自分のためになったことはどんなことか。

②「企業選びや仕事歴、転職歴などビジネス以後の歴史における事実」から

就職活動をどれくらいやったか、入社後の仕事への取り組みはどうか、転職理由と次の会社への入社理由は何か、上司や同僚・後輩との関係はどうだったか。

▼幼少期、小学校〜大学に至るビジネス前の歴史における事実

◎　子どもの頃は集団でどんな動きをする子だったか

↓　集団の先頭を行くリーダーだったのか、二番手を行く参謀だったのか、あるいは集団の最後尾で気ままにやる人間か、三つ子の魂百までというが今が透けて見えることがある。

◎　小学校では何か習い事などはやっていたか

↓　よくある回答としては、剣道・水泳・サッカー・バスケットボール・野球・バレエ・ピアノである。親の意向で始めている場合が多いが、自ら進んで始めている人も多く、新しい物事への好奇心や自発性がかい間見られる。また、大会への出場を果たしている人はこの年代ですでに達成感やチームへの貢献感といった将来への

よい「根」を得ている。

◎ 中学校・高校では打ち込んだものはあるか

↓ 部活動をしている場合、その選択理由を聞き自発的に選んだかどうか確かめておきたい（後述する「決断方法」と関係する）。部員は何人おり、役職はあったか、（体育系の場合）レギュラーだったのかを聞く。集団においてどのような位置につく人かその社会性を確認し、そもそも選手として目標を持っていたのか、目標に向けどれくらい努力したのかを聞きたい。また大会への出場状況も聞きたい。どの大会に出てどのような成績を残したのか。都道府県や全国レベルの大会で上位の成績を残している人は肉体的にも精神的にも鍛えられている。指導者の存在も気になるところである。指導者はどのような人だったのかを確認し、指導者と部全体もしくは本人との関わりを具体的に聞き、その人に対してどのような感想を持っているかで人への感謝の気持ちのある人か否かがわかる。また、レギュラーになれたか、大会で勝てたかの要因を聞くことで自責か他責かが透けることがある。

◎ 大学時代は何をして過ごしたのか

↓ 受験で合格したのは現役か浪人か、また合格した大学は第一志望か否かを聞き、その要因を聞けばこれも自責か他責かがわかる。志望校が不合格になり、その要因を「倍率が高かった」と言う人は、他責の傾向があると仮説を立てることができる。仕送りはいくらだったか、そのうち家賃はいくらかを聞けばどれくらい自助努力して学生生活に打ち込んだかがわかる。厳しい状況を受け入れていた人はそれだけで努力をする人だと仮説を立てることができる。アルバイトは何をしていたのか・稼ぎは月にどれくらいだったかを聞けば、何を求めてアルバイトを決めたかがわかり、どれ程の一所懸命さで取り組んでいたかがわかる。

◎　就職活動ではどんな発見があった人なのか

↓　何社にアプローチしたか・何社の説明会に参加したか・何社の面接を受けたか・何社内定したかを聞けばどれくらい本気で就職活動をしていたかがわかる、また就職活動の短期間にどれほど成長したかを聞けば気づきをする人材かどうか・成長できる人材かどうかがわかる、就職活動を本気でやっていないもしくは中途半端になっている人はその理由を（面接する側が）腹に落ちるまで聞き出したうえで判断したい。

実例▼H君のレギュラー獲得体験

高校時代にバスケットで全国ベスト8に入賞したチームのレギュラーだったH君は、私のかつての部下である。彼は高校卒業後にフリーターとしてアルバイトをしている時に応募してきた。19歳という若さで礼儀もままならない彼を、私は1時間の面接を経て採用することにした。H君の中学時代のバスケットボール部は普通のレベルであったが、高校のバスケットボール部は全国大会での入賞経験があるチームだった。せっかくやるのならばレギュラーになろうと決意したH君はレギュラー選手の動きを観察し、「誰を狙えばレギュラーになりやすいか」の視点で〝標的〟を定め、シューティングガード（直接、得点に絡むことが多いポジションで、スピードを生かして相手のディフェンスを振り切り、3ポイントシュートを得意とする『シューター』の多いポジション）に狙いを定める。このポジションに必要な3ポイントシュートを徹底して練習することにし、夕方からの部活動の終了後も3ポイントシュートを毎日21～22時まで練習。見事レギュラーポジションを獲得、レギュラーとして全国ベスト8を経験するのである。彼のように目標を定めその目標を達成するために必要な努力を継続できる人間は、組織に迎え入れてからも（目標さえ彼にとって魅力的にできれば）見事な動きをしてくれる人物であると見込んで採用した。事実、入社直後の新人名刺獲得キャンペーンでは、毎日200枚というダントツの獲得名刺数を誇り5日間ブッチギリで優勝をさらった。その後も社長アポ取キャンペーンでも1位を獲得している。現在では住宅メーカーに転職をして月に2棟を売る営業のエースとして活躍している。

実例▼Mさんの留学体験

私のかつての部下でカナダの大学在学中に応募があり、やはり1時間の面接で採用を即決したMさんという女性がいる。彼女は高卒後に米国シアトル市の短期大学に入学したものの英語が分からずはじめは苦労の連続であった。英語がある程度理解し使えるようになるまでの6ヶ月間は、日本に帰国するか否かの決断を自らに迫る日々を過ごしていた。Mさんは歯を食いしばって米国に留まり、泣きながら英語を熟達させていき、短大を卒業しカナダの大学に進学する。単位取得を早期に進め、卒業試験がインターネットで受験可であることを知り、卒業前に帰国し、私の部署で営業として働くことになった。こうした過去を持つMさんは、当初電話によるクライアントへのアプローチを嫌い、業績を上げることに苦労する。しかしメールを活用した新しいアプローチ方法を駆使して経営者に会い、徐々に業績を高めていくことに成功した。彼女は泣きながら英語を熟達させた人だが、私のマネジメントのもとでも泣きながら営業スキルを獲得していった。在籍していた3年半の業績は輝かしいものであり、拠点賞や新規社数1位といった賞を受賞している。現在は女性起業家兼一児の母として活躍している。（余談だが留学体験をした人に「相手国の言語を翻訳せずに耳で拾い、相手国の言語で理解をできるようになるのは何ヶ月目か」を聞くと一様に9ヶ月目である）

▼企業選びや仕事歴、転職歴などビジネス以後の歴史における事実

◎（営業であれば）顧客はどんな業種の人であり、会うのはどの立場の人で、商品は何で、取引単価はどれくらいで、訪問頻度や一日の訪問件数は何件か

↓　具体的にすることが第一の目的だが、まず押さえたいのは「仕事の水準の高さ」「仕事への熱心さ」である。これには経営層や決定権者に会っていたのか・担当と会い続けたのか・どれくらいの努力を日々重ねたかを掴むことだ。仕事の水準は会っている人の水準と同一である。

◎　業績は何人中の何番目か、目標数字の達成状況はどうだったか

↓　客観的な数値にしたい。「1番でした」と言われても100人中1位なのか3人中1位なのか、客観的な判断ができない。業績の多寡はあくまでその会社内、業

界内での水準でどうかを聞かねば判断できない。

◎　マネジメントはどうだったか

↓　何人の部署で・年齢構成はどうか・どんな目標を揚げて・どんな戦略戦術で・どんな成果を出したのかを具体的に聞きたい。特にマネジメント経験が豊富な人には業績を生み出すポイントはどこにあるのか・人をマネジメントする上で大切にしている事は何かを聞きたい。

◎　転職した時はどうだったか

↓　（前述した）業界特性・仕事内容・地域性・給与・人間関係のいずれかを理由に転職していると思うが、退職から転職に至るストーリーを事実と思いに分けて聞きたい。新しい職を選ぶ理由は前向きな言葉で語られるため真意が見えにくい。退職理由を聞き（いくつか出てくると思うが）その中で最大の理由はどれか、理由を一つ言うとしたらどれかを聞かねば真意は見えてこない。（「決断方法」は後述するが）人間の決断の仕方は模倣性が高いため、退職理由を的確に押さえておかないと、自社で採用しても同じ理由で退職に至るという、愚にもつかないことになってしまう。

▼事実は名詞と数字で押さえる

話は具体的に詳細に聞く。一つの質問への答えに対して数字や固有名詞を徹底して聞き、その状況がイメージできるくらいにまですることが、お互いに満足のいく面接のポイントである。繰り返しになるが、なぜその組織に所属したのか、組織の人数は何人だったか、スポーツならば朝の練習はあったか、指導者はどんな人だったか、夕方の練習は何時までやったか、レギュラーだったか、レギュラーになるにあたっての工夫は何をしたか、大会での成績はどうだったか、主将などの役職はあったか、リーダーとして腐心したのはどんな事か……これらの事実を事実として残し、判断する。これが面接である。これ以上でもこれ以下でもない。事実とは過去の真実のことであり名詞や数字で語られるものを言う。形容詞のような抽象的なものではなく誰もが聞いて納得の行く具体的な事柄、すなわち名詞と数字がもっとも正確にその人を判断できる。また過去の事実しかその人間を語れないというのは、いくら面接で将来への夢や意欲を語っても、その背景である過去の事実がなければその夢や意欲が実現する可能性は保証されないからである。留学体験やスポーツにおける誰もが感心する事実は、その後に新たな感心する事実を生み出すもとになる。精神的にも肉体的にも高い水準の達成感を得ている人材は、今後も高い水準の事実を生み出す可能性が高いのである。また面接では聞きにくいことも具体的に聞きたい。「他に面接の進んでいる社名を教えてください」「その会社から内定が出て弊社からも出た場合はどちらを選択しますか」などの聞きにくいことこそ、具体的に聞き対策を打つことが大切である。

3 言語情報による判断の3つのポイント

▼勝ちグセ・負けグセ

経営者は面接で拾い上げた事実で採用の可否を決めるとともに、入社後のマネジメントの方針も決めることになる。もっと言えば（入社後の）マネジメントで戦力化できると踏んだら採用に踏み切るべきである。今後のニッポンは若手の採用対象が減少する社会である。経営者が「戦力になる（できる）」と思ったら即採用すべきなのである。ではどういう視点が大事であろうか。

私は以前より「勝ちグセ・負けグセ」という言葉をよく使っている。営業で言えば最後の最後で目標達成する人が勝ちグセのついた人、最後の最後で粘り切れず目標を外す人が負けグセのついた人。勝ちグセがついている人は目標を達成しないことが気になって仕方がないため、何としても達成しようとする。しかるに負けグセのついた人は「またどうせ達成できっこない」と考えてしまう。目標達成できない人はなかなか目標達成を実現できないでずるずると未達成を続ける人が多い。いったん勝ちグセがつけば踏ん張りが効くようになり、ちょっとやそっとでは目標をはずさなくなる。勝ちグセがつくと目標をはずしそうになると嫌な心持ちになり落ち着かなくなるのだ。

▼影響が強い人は誰か

面接をしていてよく登場してくる人物がある。「妻」、「父」、「兄」、

「姉」、「彼女」などの代名詞だ。人間知らず知らずに会話の中に登場させている人物がいる。これは非常にやっかいな登場人物である。というのも応募者の意思決定に影響を及ぼすからである。人によって影響力のある人物は異なる。面接官はこの影響力のある人物を特定しなくてはならない。

実例▼影響力

新卒採用をしていた時に内定を出した女性がいた。東北大学の彼女はキャビンアテンダントを志向していたが、受かるかどうかわからないものよりも、自分を認めてくれ採用したいというリクルートからの内定を受諾した。「お母さんはどう言っていた?」との問いに「あなたを認めてくれる会社に入りなさいと言ってくれました」と。母親が最大の影響力を発揮していると思っていた私は安心していた。少し時が経って彼女から電話が入り「すいません、内定を辞退させてください」と言う。「どうしたの？」の問いに「航空会社から内定をもらいました。黙って受験していました。ごめんなさい」と。会社に来てもらいよく話を聞いて納得した。「〇〇会社に姉が勤めています。その姉から『あなたはその会社（リクルート）で本当にいいの？　子どもの頃からキャビンアテンダント志望だったのに、夢を簡単に諦めるの』と言われて受験していました」と。私は完全に見誤っていた。彼女にとって最も影響力のある人物は母ではなく姉だったのである。

▼決断方法

過去の「決断の場面」の話を聞けばその人物の人生での「決断の様子」が想像できる。人間は「過去の判断をなぞる」生き物なので、入社後のパフォーマンスがイメージできる。過酷な環境において努力する道を選択してきた人材は、入社してからも厳しく過酷な環境に身をおいても同様に努力する道を選ぶ。つまり採用して良いかどうかの判断がつけられる。「過去の囚人」という言葉があるように、人間は過去の自分の決断方法を模倣する。一方でその人間の過去の決断のしかたを知ることは「自社への入社の決断をさせる手だて」もわかることになる。すなわちどうすれば自社に入社を承諾させることができるかがわかるのだ。優秀な営業は顧客の過去の購買行動を聞き出しどのように決断（クロージング）させればよいかを割り出して結果につなげている。これと同じことだ。

実例▼影響力と決断と負けグセ

今から10年以上前、岩手のある食品製造会社の面接に立ちあう機会を得た。営業の募集に応募してきた山口県出身の23歳の若者に、幼い頃からのひととおりの経歴に関するヒアリングを行った。聞けば中学・高校受験は母親の言う通りに受験をして失敗し、短期大学を卒業後、コンビニエンスストアの店長をしているという。

彼が帰ったあと、私は「過去の失敗体験から彼には負けグセがついており、仮に営業として採用しても勝てる（業績が出る）ようになるまで相当なマネジメントを要する。もし採用すれば社長が苦労することになると思うので、採用しないほうがよいと思う」と申し上げたが「わざわざ山口県から面接にくるだけでも見上げたものだ」とやる気を認めて、社長は採用内定を出した。彼に電話で内定を伝えるが「家族と相談したい」との言葉に、私はああやっぱりかとの思いを抱きながら彼の回答を待った。案の定、彼からは「母の反対で入社を見送りたい」との回答が来た。

4　言語情報はここも押さえておきたい

▼退職理由

転職者の面接の場合、退職理由を必ず聞くべきである。なぜならば同じ理由での退職を繰り返させないためだ。ここが重要であるのに聞き出せない経営者があまりに多い。面接では候補者と良好な関係を築くことが、良き採用結果をもたらすかのような錯覚があるようだが、採用面接でより大事なのは入社後のマネジメントの方向性を割り出すことである。マネジメントで戦力化できると踏んだら、採用すべきであり、採用面接でどのような方向でマネジメントするかを決めてしまいたい。のどから手が出るほど欲しい人材などまず現れない。そう思ったほうがいい。「多少モノ足りないがここをこうすれば戦力になる」と思えたら、どんどん採用すべきなのだ。

▼課題をさりげなく

「自分のなかで一番好きなところはどこですか」と聞くことで、自己をどう認知しているかを知り、「（自分が嫌いなところを聞くのではなく、前向きな問いに置きかえて）『もっとこうなれたらいいな』というところはどこですか」という聞き方でその人の課題点を聞き出す。よっぽど曲った人材でない限り素直に話してくれる。または「周囲からどんな人と言われますか」と聞くことで自己認知と他己認知の差を聞き出す。そうすると、他己認知がその人の本質をとらえていることが多く、本人もその本質を認めることも多い。課題を聞き出せれば入社後にどのようなマネジメントをすればよいか、その方向性を明らかにできる。

▼入社への熱意は邪魔である

自社への志望動機を聞く企業がある。これはおおよそ世の中の企業の

99.9999%にとって、思い上がった面接手法であると言い切れる。誰もが尊敬し憧れる企業はごく一部の企業である。いかに求人倍率が低いからと言って、中小零細企業に入ろうと思う人材は奇特な人材であるし、経営者にもそれくらいの認識が欲しい（弊社もそう思っている）。経営者が自社のことを理解し、入社意欲を持っている人材を欲しいと思うのはもっともなことだ。であれば、自社の広報を強化し知名度を高めるべきであり、採用活動そのものを変えるべきである。具体的には説明会を催し、経営者自らがビジョンを語り、やって欲しい仕事を懇切丁寧に説明し、入社への意欲を自らの力で掻き立てていく努力をすべきである。それなしに自社に対するロイヤリティを、面接の段階で持ってほしいというのはおこがましいことだと思う。もっと言えば入社への情熱を語る人材は怪しい。体験入社もしたこともない人が、中小零細企業に入社したい意欲があるはずもない。入社への熱意を採用の基準にすることは、大変危険な基準であると言わざるを得ない。

5　事実を作る

面接に来る人の中には「自分には人に語れるような事実がない」という人もいるだろう。そういう人が現れたら「事実がなければ事実を作りに今直ぐ旅立て」と言って欲しい。事実を作る発想を持つことは、今この瞬間のこの仕事を全力で全うすることであり、激しく働くことこそ最短の事実作りなのである。過去において人に誇れる事実がない人は、今すぐ作りにかかって欲しいと切に思う。目の前にある仕事から猛烈に働き、実績を出しにいけばよいのである。たとえば1日100件の訪問を1カ月継続することで、営業という仕事に対するストイックな取り組み姿勢を証明できるし、世界一周旅行に今すぐ出掛けることによって、行動力のあることを証明できる。実際飛行機を激しく乗り継げば1週間で行ってこれるはずだ。そう、事実は作ればよいのである。自分の価値を高めるには今を激しく生きるほかない。気づき、行動できる人間は、どこの会社の経営者も必要としているのだから、思いつきでもなんでも良いので気づいたら動く。これさえあれば、この初動がいずれ本物になっていく。就職活動対策としてでもなんでも良いから、とにかく動く。これが肝要である。実際に動いて自信がついたらまたお会いしましょうと伝えて欲しい。育てて、勝ちグセをつけさせてから採用するという発想である。

6 面接とは人間学を学ぶ場である

2006~2007年にかけて、リクルートの狭域HRカンパニーのカンパニーオフィサーという役職だった時に、150人の最終面接をした。狭域HRカンパニーとは東京・名古屋・大阪を除く全国30道県をカバーする求人広告の営業部隊であり、この最終面接は北海道から九州・沖縄の人材に対するものであった。幼い頃から現在までの話をおよそ1時間にわたりヒアリングし、判断していた。生まれてからこれまでの人生で、どのように魂を磨いてきたのかを聞く時間なのであるが、そこには各人の人生のその時々にかけた思いが満ち溢れており、まさに応募者からエネルギーをもらう時間であった。面接を経て縁があって採用になった瞬間からその人材は同じ志を持ち、事業の一翼を担いそれぞれの担当する地域と対峙する。ここから始まるのはその人材との長いつきあいである。共に事業を担う人には思い切り活躍して欲しいし、退職後もお互い生涯に渡るつきあいをしたいと思っている。現在でも年に2~3回はかつてのメンバーから結婚式に呼ばれる。この1年でも新潟に2度、長野に1度、福岡に1度、挙式に呼ばれ参加した。「何かあったらいつも集まる関係」、これこそ人生の豊かさであると思うのだ。

7　非言語情報による判断

▼応募者の動作

表情や礼儀など話し方、聞き方、答え方、プレゼンの工夫などハード面でのジャッジである。これも採用する企業によって判断はマチマチである。ここではその実例をもとにそのあり方をお考えいただきたい。

実例▼イヤホンを外さず面接突入

面接が始まってもデジタルオーディオのイヤホンを外し忘れていた学生を、「態度がなっていない」と不採用にした人事担当のコメントが雑誌に掲載されているのを見たことがある。私に言わせれば「（面接に集中してはずすのを忘れた）集中力がある人材」「（耳に物が挟まっているのが気にならない）小さなことを気にしない人材」とも思うのだ。面接する側があたかも被面接者よりも偉いという錯覚に陥っているとしか思えない。または、落とすための採用面接のエピソードである。

実例▼90度のお辞儀

営業の面接をしていて最後の最後まで判断に悩んだ応募者があった。面接終了後にじっくり合否を考えようと（本来は結論を出すまで面接を終えてはいけない）面接を終えてエレベーターホールへ見送りに席を立った。別れ際に応募者がお辞儀をした。直角のお辞儀であった。このお辞儀の仕方にすべての悩みが晴れて採用した。入社後に彼は継続して目標達成をする粘りのある営業になった。面接での最後の最後まで諦めない姿勢が入社後にも出ている。

コラム 6

前向きな言葉で頭と口を満たす

孔子の「論語」。昔の世代はこれを暗記していた。子供の時にわけも判らず暗記させられていた。やがて大人になって「論語」を構成する漢字を知り、意味が分かってくると「論語」の言わんとする思想がわかるようになる。そしてそれを日常生活で意味を込めて認識できるようになってくると、生活に活かすことができるようになってくる。そうすると自然によい判断ができるようになってくる。我々もせめて日常から発する言葉を前向きな言葉で埋め尽くすようにできれば、いいこと尽くめの生活を送れるようになるのではないか。そして自然と周囲にも、良い影響を及ぼせるようになるのではないか。

第3章

採用がうまくいく境界線

採用がうまくいくポイント

1　採用活動を常態化させる

経営者は求人倍率が0.7を超えると採用が難しく感じるという。ハローワークに求人を出す企業だけで計算されるのが求人倍率であり、0.7を超える局面では潜在的に採用をしたいと考える企業が増えており、縁故や口コミで採用になる人も増えるため、実質的な求人倍率はもっと高いからだ。こうなる前に採用活動を常態化していくべきである。人材紹介会社に求人票を預けるのはもちろん、ハローワークを始め、求人情報誌や求人サイトへの掲載を継続して常に応募が入っている状態にしたい。欲しい人材に訴求する自社の情報を整理し、採用の流れを整備し、応募者に見せる採用ツールを準備する。同時に労働環境を整備し、給与や昇給そして研修やキャリアプランのしくみも、欲しい人材が活躍しやすいように設計する必要もある。また全社員が採用活動に関わるようにすれば、皆が常に応募者と会話して自社へのロイヤリティを高めることにもつながるはずだ。採用活動の常態化は企業の価値向上に直結していく活動になる。そして将来の事業計画を実現していく優れた人材との出会いが、定期的に行われることで企業ビジョンの実現に一歩近づく。しかし思うような人材と出会い、かつ採用に至るのはなかなか難しい。出会いの確率はとても低く、口説いて入社に至る確率はさらに低い。事業を始めたばかりのベンチャー企業ならなおさら絶望的になってしまう。しかし悩んでいる間にも採用活動をまずは始めるべきであり、それは常態化すべきなのである。会社の設立準備に入ると同時に採用活動を始め、採用活動は継続すべきなのだ。そして絶えず自社にとって優秀な人材を求め続けている会社は人材と出会い、人材が入り続けることによって不断の変化を促し、組織はもちろん事業を変化させ続けることができているはずだ。

2 経営者が採用活動に口も手も出す

伸びる企業の経営者の多くは採用活動に口と手を出している。つまり人材採用の現場に出てくる経営者である。伸びている企業は、経営者が採用に熱心である。経営者は採用に大いに口と手を出すべきだ。自分が関わらずに採用がうまくいかないことを担当者の責任にする経営者は、経営者失格だと思う。これまで語ってきたように、採用とは思う人材を言語化し見つけ出し口説くといった、途方もなく成功確率が低く難しい業務である。企業全体で継続し全力で取り組んで、ようやく成果の出る世界だ。採用は、経営者が前面に立って全力で旗を振るべき仕事なのだ。

3 処遇の納得感を提示する

地方企業の場合、首都圏から人材を求める際に給与水準が下がってしまうケースに遭遇する。ほとんどのUターン転職志向者は「給与は当然下がるもの」との認識であるが、このケースで注意したいのは受け入れ企業の給与曲線を提示し、入社時にはその水準を上回った「特別扱い」の処遇で迎え入れないということである。私は「特別扱い」で、既存の社員を上回る給与で入社した人が、入社後ほどなく退社にいたるケースを多々見てきた。特別扱いについては受け入れ企業の従業員の間で噂になりやすく、まだ実績を上げていない社員が高給で優遇されるのは一般論的に許されることではないので、実績を上げる前にいたたまれなくなって退社に至るのである。重要なのは入社時には給与曲線に則った給与を支給し、成果を生んだ際にいくらにするかを具体的に提示することである。ここで魅力的な提示ができれば人材はやる気を出し、いち早く職場に馴れようとするエネルギーが働くはずだ。そして活躍する姿を目の当たりにした既存社員たちは活躍する新人が高く評価され、高く処遇される姿を見て称賛し自らも発奮するはずなのだ。

4　内定後のフォローは絶対必要

「消費者は買い物をした後、確認のためにパンフレットを見る」という消費者の行動を知っている人は多いと思う。採用もまったく同じで「この会社に入る」決意をした人は、入社するまでの期間に「自分の決断の正しさを確認する作業をする」ものである。入社意思を固める作業は消費行動よりもはるかに大変である。そのため内定してから入社までの間に時間が空く場合は、しっかりとした関係構築が重要である。そして内定辞退になる時に「内定を辞退します」という最後通牒的な連絡ではなく、「相談があります」という関係になることにこそ本質がある。

5 採用面接で叱れますか

たとえば面接に来た応募者に履歴書の文字や写真の貼り方を叱ったことはあるだろうか。採用の本質とは採用した人材入社後の、早期的かつ継続的な業績確保にある。これから採用しようという人材へのマネジメントは、面接ですでに始まっている。たとえば採用しようと決めた人材の履歴書の文字や写真の貼り方がまずければ叱るべきだ。またせっかく入社した有為な人材を忙しさにかまけて、入社早々から放置していることはないだろうか。入社した人材が最短で業績を継続的に生むために心血を注がなくてはいけない。採用する側が燃え立つようなマネジメントで日々エネルギーを注ぎ続けて、初めて人材は開花するのだ。あなたはここに働きかけることをしているだろうか？　本人のやる気の源泉を知り、「この人材にマネジメントできる、成果を出せる」そう踏んだから採用したのであり（ただし迷ったら採用しないことは採用の絶対のルールだ）、採用した人材を誰かに預けて、その人材が伸びないと言って預けた相手を叱っていないだろうか。最重要投資である人材採用の決裁権は経営者にあり、採用後の活躍の責任も経営者にある。

6 雇用ではなく投資の発想

人を採用するという行為は日常的なものである。採用が決まれば給与・社会保険・交通費など企業から「出ていくお金」は数え切れない。経営者にとっての雇用問題とは、日常の問題であり資金繰り的な響きのある事柄であり、金食い虫のイメージである。ことに事業をしていることの意味を自問自答せず、経営の目標を持たず、漫然と経営を行っている経営者にとってはなおのことだ。採用とは「お金のかかること＝嫌なこと」なのである。採用は経営を大きく伸ばすために欠くべからざる機能であり、夢の実現のためのものである。経営の夢を投機的に実現しても何の面白味もないのではないか。人材にお金と時間を投資して、共に大きな夢を実現するという果実を得ることにこそ、人生の意味があると思うのだ。

コラム 7

リクルートの採用熱意

私が新卒でリクルートに入社した最初の配属は採用チームで人材開発部、略して「人開《ジンカイ》」と呼ばれ経営が最も力を入れている部署の一つであった。創業者の江副浩正氏はすでに会長に退いてはいたが、まだ隠然として存在感はあり「自分より優秀な人を採用せよ」「採用が最も重要な事業」との認識は社内に充満していた。人開から営業現場のマネジャーに採用のお手伝いをお願いすると「待ってました」とばかりに活きの良い快諾の返事が返ってきたし、一緒に新卒の大学生と面談したあとに飲みに出て、2次会3次会と進み私が先にダウンしていても現場のマネジャーがどんどん口説いていく、なんてことはしばしばだった。思うに全社的に採用に熱心であり、誰に会っても私の所属が人開と知ると「俺はこんな奴と仕事がしたい」「人開はこういう人材を採用するべきだ」とよく説教をされたものだ。それくらい人材に対する関心度も要求度も高い状況、つまり事業への熱を持った人がたくさんいたのだと思う。こうした全社員で採用活動に取り組む認識の常態化こそ、企業成長のカギであると思う。

リージョンズが提唱する「こんな人を採用すべき」

1 リージョンズ基準

私の本業は人材紹介業である。

面談に臨む時に意識しているのは「この人はこれまでの人生でどう魂を磨いてきたか」という視点である。基本的な人材ジャッジ基準は以下の3つ。これらを起点にしたヒアリングを元に判断をして推薦している。

ベース基準「コミュニケーションする力があること」

「面と向かい合った瞬間に目の前に出てくるような印象がある」
「話をしていて自然に会話が弾む」
「話しているだけでこちらが元気をもらう」
「動きのひとつひとつが好ましい」
「1を聞いて10答える」

などが具体的な基準である。たとえば営業はしゃべれないと売れないというのはウソである。しゃべることそのものは不得手でも、会話が弾んだり好ましい行動の取れる人材はおり、内向的な営業でも成績が良い人材には、そのあたりに答がある。また、「もともと東京の方ですか」と聞いて単に「いえ横浜です」と答える人と「はい横浜生まれですが、父の転勤で群馬で高校まで過ごし、大学は都内に一人暮らしをして過ごしました」と答える人とでは後者のほうがホスピタリティがあり、人とのコミュニケーションをする力があると考えている。つまりコミュニケーションとは双方向のものであり、相手が何を知りたいのかを察知できるかどうかが大切だ。流暢な人が良いという意味ではなく、ボソボソと答える人でも相手が聞きたいと思う事柄に的確に答える人こそ、コミュニケーションのとれる人と考える。

第一基準「素直であること」

「人の言うこと・忠告に耳を傾けることができる」
「すべてのことから学ぶことができる」

「状況に応じて自分を変化させることを厭わない」
「広い心を持ち、許すことのできる寛容さがある」
「私心がない」
「自分の分をわきまえる」
「広い視野から物事を見ることができる」

心を研ぎ澄まして言葉に耳を傾ければ、「素直」であるかどうかは自然に判断ができる。「取り組んだ実例から何を学んだか」を聞いたり、転職後の給与希望額を聞いていくプロセスで、自己評価を聞くことで判断できる。あまりに自分を高く評価している人は「分をわきまえない」人と思うし、自分の良いところは「素直なところです」と言いながらそうではない人は多い。素直でない人材は絶対に伸びない。管理職も素直でなければ、成功事例から学ぶ姿勢が欠落しているため、マネジメントで成果を出せない。素直な人材は人に言われたことを忠実に実行して成果を生み出す。素直でない人材は気付きをするまでに時間がかかり、成果を生むにはさらなる時間を要する。

第二基準「自責であること、他責でないこと」

「何事も自分の責任において発生していると考え物事を解決する」

「人のせいにしない」

自分では人のせいにしていないつもりでも、人のせいにしている人は多い。人のせいにする人も伸びない。「人は簡単には変わらないが、自分は簡単に変えられる」という言葉の意味に気づくべきだ。大学受験に失敗した人に、その要因を聞けば「倍率が高かった」と答えたり、部活動で大会に出て勝てなかった理由を「相手が強豪だった」と答える人は他責である可能性が高いと判断している。

第三基準「自己信頼感があること」

「他人の評価に左右されず、自分で自分の価値を見い出し信じる力がある」

「自分はやればできる、自分は成功できると思う心持ちがある」

幼い頃から困難な状況に直面して逃げずに立ち向かい、成果を生み出してきた事実から判断する。これがなければ難しい課題を設定されたときに立ち向かえない。

「自分は難しい課題をクリアした経験があり、どんな問題でも解決できる」との気持ちが大切なのである。また自己信頼感は自信過剰という意味ではなく、物事をやり遂げた実績を通して、自らの力を頼めるという考え方である。前出の「勝ちグセ」という言葉に近いかもしれない。

2　3つの面接基準は高いパフォーマンスの源

素直さ、自責、自己信頼感という3つの要素は仕事の成果を生み出す源である。スキルや知識はこれらの3要素があれば習得も速い。これに加えて大切なのは人生に対する欲求の強さであると考えている。すなわち働く動機である。働く動機が明確であれば仕事に没頭でき、没頭できるならば自然に成果がついてくると考える。働く動機が明確であれば仕事に没入でき、没入して素直さ、自己信頼感、自責という3つの要素があればスキルや知識の習得に時間がかからないのだ。

暮したい場所で思い切り働くリージョナルスタイルを提唱したい

第4章

地方と人材

1　ふるさと創生1億円事業

私は北海道大学・法学部に在学中、1988〜1989年にかけ竹下登内閣が行った「ふるさと創生事業（日本の全市町村に対し地域振興に使える資金1億円を交付した）」の使途調査を行う神原勝先生のゼミナールに在籍していた。このゼミでは北海道212市町村（当時）に使途調査を行ない、市町村の誰が・どのようなプロセスで・何に使うかを186の市町村からアンケート形式で回答を得て分析を行った。「地域づくりの最大の課題は何か」がアンケートの最終項目であった。そこで最も多かった回答は「地域リーダーの不足」。私の中に「地域づくりの最大のテーマは人材」との認識がセットされた瞬間だった。

2　採用という職業

　1991年に新卒としてリクルートに入社。自社の採用部門を振り出しに、15年にわたり地方の中小企業経営者と二人三脚で、人材採用のコンサルティングを実践してきた。私が社会人をスタートさせた1991年はバブルが崩壊し始めた頃。東京に一極集中していた人材が地方に回帰し始め、私が勤務していたリクルートでは、この流れを捉え地方に転職する動きを「新・生活転職」と呼び、1991年の12月に「新・生活転職ガイド」という地方転職希望者のための求人情報誌を創刊した。いわゆるUターンとかIターンといった言葉が流行しはじめた時代である。当時のUターン・Iターン希望者向けイベントは、全国から300社の企業が出展、求職側も8000人近い動員があり活況を呈していた。

3　首都圏への人材流入

当時、首都圏からの人材採用は企業経営者の関心の的であった。というのも戦後の復興期から高度経済成長を経て世界有数の先進国へと発展する歴史は、人材が地方から東京に流れ続けた歴史である。現在でも東北六県を合わせると、毎年域内全域から10万人規模で人材が首都圏との間で出入りしており、対東京ではすべての県で人材の流出が流入を上回る「赤字」の状態である。東北に限らず地方は首都圏に人材を奪われ続けていて、極論すれば「地方に人材はいない」のである。企業経営にとっては首都圏から戻ってくる人材、競争でよく鍛えられた即戦力の管理職候補は垂涎の的なのだ。事実、私のクライアントも首都圏からの転職者がテコになり、事業を拡大した例は枚挙に暇がない。「優秀な人材がもっと戻ればもっと成長できるのに」という思いの経営者は多いはずだ。

4 地方企業と人材採用

空白の90年代は数々の金融機関の破たんを振り出しに、地方に深刻な景気の低迷を招き、多くの企業では採用意欲は長くは続かなかった。私が責任者を務めた2007年のUターン・Iターンイベントには求人側が80社に減少、求職側もわずかに1800人の動員であった。

ニッポンには会社が400万社あり、そのうち上場企業数は約4000社。採用の現場で長年コンサルティングをしてきた実感で言えば、地方のほとんどの企業は採用に悩んでいるのではないかと思われる。というのも求人する側の企業も応募する側の求職者も東京に一極集中しており、ある程度の知名度を得ている（つまり社名が知られている）会社というのは上場会社のなかでも一握りの100社程度。となると地方はもとよりほとんどの企業は知名度不足と考えられ、思い通りの採用ができていないと思われる。地方では、名前が知られているのは銀行や公共サービスを提供している企業が各県で10社程度だろう。

私は2008年5月に札幌を本社とするリージョンズ株式会社を設立、同年7月1日厚生労働大臣から有料職業紹介業認可を受け開業した。リージョンズはRegionという英語の複数形で「複数の地方、地域」を意味する。地方をひとつひとつ元気にしていき、ニッポン全体を元気にしたいという思いがある。採用に苦慮する地方企業に、求める人材を調達提供し、採用してもらうことで、組織の活性化の一助になりたい、ということである。

5　リージョナルスタイルのすすめ

人生で一番大切なものは何かと聞かれたら何と答えるだろうか。人、モノ、お金……親、兄弟姉妹、配偶者、子供……つまり家族ではないだろうか。自己実現はもちろん大切だが、家族の自己実現が人生において最重要であると思う。そしてそのステージは大都市が良いのか地方が良いのか。家族の自己実現が地方にいても実現可能であれば、私は地方暮らしを断然お薦めする。環境（水や空気）、自然、家賃、通勤時間、土地や住宅取得、などの意味で地方は優れていると思うからだ。

２００8年、東京では9月に入ってからも最高気温が連日30度を超え、超えなかったのはたった1日。気象庁によれば首都圏はこの１００年間で３℃も平均気温が上昇した。私は気温こそ我慢できるが、東京の湿度の高さにはいつも死ぬ思いである。私が東京で住んでいた大田区（都心まで電車で40分くらい）では、26坪の土地と建物が６０００万円で売りに出ていたが、札幌なら同条件の物件が３０００万円以内で手に入る。首都圏には企業も人も集中しており経済活動をするには何かと効率の良い場所だが、暮らす場所として考えれば都内の一等地に住み通勤に苦労しない人以外には過酷な環境だと思う。

なぜ過酷な環境に人間はあえて生き続けなくてはならないのか？　現代に住む聡明な日本人がなぜあえて過酷な首都圏に住むのだろうか？　不思議でならない。快適環境への移住である地方転職は、最高にハッピーな転職だと思うのだ。Uターン転職を希望する人と日常的にお会いしていると、中にはご本人の希望ではなく奥様の希望でIターンする人がいらっしゃる。ご本人は次男で奥様が長女、これは非常にうまくいくパターンだ。ただしひとたび地方転職となると、ご自分のキャリア設計には、一から考え直す必要が出てくる。まったく新しい土地への転職で友人もいない、となると一大決心が必要だ。ただ私は心の持ち方一つだと思っている。転職活動を通じて新たな人脈を広げながら東京では味わえない自然を満喫し、家族でのこれからの生活設計を一から楽しむ、そう考えると滅多にできない「リセット」ができ人生の2度目・3度目のスタートを切れることは、とても新鮮でワクワクするチャンスだと思う。ぜひ積極的に変化を機会にしていただきたい、そう思うのだ。

6　地方転職は都落ちか？

「都落ち」をインターネットで検索すると以下の言葉が出てくる。「都会で夢やぶれ、地方に戻ること。都を追われて地方に逃げて行くこと。東京から地方に転勤すること」。東京から地方への移動は都落ちのイメージなのだ。何か地方転職を表す良い言葉はないものかと思っている。空気や水に恵まれ、農産・畜産・酪農・水産品に恵まれ、行列はなし、職住接近、しかも土地家屋が安く手に入る……まさにハッピー転職なのだ。私は家族思い転職、暮らし第一主義転職であるこの地方転職を、良いイメージに転換したいと念願しており、以下の言葉を仲間の経営者とともに開発した。

リージョナルスタイル：暮らしたい場所で思い切り働く

従来のUターン・Iターン・地方転職という転職行動を表す言葉ではなく、行動の結果手に入る生活様式を言葉にした。大切にしたいのはキャッチフレーズにある「思い切り働く」という言葉である。地方に転職してのんびりしてもらっては困るのだ。

7 リージョナルスタイルがニッポンを救う

人口減少、環境汚染、法改正、エネルギー問題と矢継ぎ早に経営に影響を及ぼす問題が増え、経営トップだけで思考し、結論を出し、旗を振ると、とたんに間違う時代になったとつくづく思う。

一方で、仕事の環境が大きく変わる中、仕事と自分の関係性を見直す人が増えてきたように思う。それは短い時間内で付加価値の高い仕事を行う人材、つまり生産性の高い仕事をする人材であり、時間パフォーマンスの高い仕事をしたいという価値観を持つ人材である。私はこれを「リージョナルヒーロー」と名付けたい。このリージョナルヒーローはそのコンセプトのとおりに、単なる「暮らしたい場所で思い切り働く」を意味するだけでなく、「実現したい人生のために、好きな場所を選びそれを動機付けに仕事に没頭する」という意味である。仕事も私生活もそこそこでよいという概念では決してない。暮らしたいことにはさまざまな理由があり、その理由である家族や趣味を実践するために「いかに短時間で質の高い仕事をするか」を究極まで問い詰める志向がここにはある。

リージョナルヒーローの存在は企業に好循環をもたらす。従業員が時間を大切にすることで職場には残業が消え、早く帰宅する分、従業員には余暇の時間が生まれ、睡眠時間が増え、健康が促進され、翌朝の出勤時間が早まる。残業が減少し、光熱費が削減されることで、時間外手当（残業代）が消滅し収益が生まれ、企業業績が上向く。私はリージョナルヒーローの採用こそ、低成長下に成熟化していく企業経営の最後の切札であると思っている。さらに一歩進めて究極のリージョナルヒーローである高齢者や主婦に仕事を振ると、職場はさらに活性化し収益拡大するはずだ。

パソコンや携帯電話、インターネットを代表とする科学技術の進歩で格段に仕事のスピードは上がった。同時に人材間の仕事のスピード格差は広がっている。できる人材とそうでない人材に格差は大きい。経営資源となる人材の仕事のスピード変化は、企業のスピード変化に他ならない。人材の差は企業力の差である。リージョナルヒーローを如何に増やすか。リージョナルヒーローが住み心地の良い会社に如何に持って行くか。ここに人口減少下に企業経営をどう成熟させていくかの答えがある。リージョナルヒーローの是認こそ生産性向上のカギだと思う。「自分の人生設計を実現するために仕事を選ぶ」価値観。これが仕事への強い動機づけとなり企業にとってのカネを生むのだ。高齢化社会の現実は10年待たずあと3〜4年の内に凄まじい変化として目の前に表れるはずである。成熟化するニッポンの解決の解はリージョナルヒーローを軸にした生産性の向上にある。

転職とはいかにあるべきか

1　人生設計が転職動機

前述したが転職動機（転職によって得たいもの）の代表的なものは以下の5つであった。

①　業界特性

②　仕事内容

③　地域性

④　給与

⑤　人間関係

人としては純粋で当たり前なこれらの動機も、それだけを理由に転職すると恐らく繰り返すことになる（前述のとおり人間は過去の判断を模倣する生き物だから）。転職はあくまでも自分の人生というタイムスケジュールの中で決めないといけない。人生という大局観の中で判断すべきであり、目先の理由だけで転職することは避けるべきだ。人生のスケジュールの中で自分は「これを実現したくてそのために今、転職する」。ここが本質的に大事だと思うのだ。だから転職を考え始める時にまずやらねばいけないことがある。それは自分の人生設計である。いつ死ぬのか、いつリタイヤするのか、いつ何が欲しいか、そして何より大切なのは「家族のためにしてあげたいことは何か」を考えることだ。そのうえで設計図（たとえば表計算ソフトで西暦と年齢の表を作る）に落とし込んでみて初めて、今何をすべきかが決まってくる。先が決まらないと今を決められない。いつの世も人間は先のことを決めるのが苦手な生き物だ。半年先の旅行ですら決められない人がほとんどだ。半年先の旅行を決めると、宿はまだ予約で埋まっていないので好きな所を選べるし、飛行機も格安で購入できるなど、良いこと尽くめであることを知っていても実践できる人は少ない。人生も同じだ。まず先のことを決める、自分が実現したいこと、家族にしてあげたいことを決める。やりたいことが決まれば自然に体が動き始める。人生の設計図ができれば不思議なくらいパワーが湧く。起業であれ、転職であれ、人生の転換において先を設計することはつきものだと思う。新しいことにチャレンジするにあたって設計図がなければ継続できない。経営においてはこの人生設計を従業員にさせる時間が、実は生産性向上の一助になると思っている。

2　私と人生設計

私は人生で1度、とても迷った時期があった。それは福島県に営業所を立ち上げた時のことだ。取引社数35社、売上7000万円だったのを4年後には取引社数105社、売上1億7000万円まで伸ばし、当時の東北支社長が社長決裁を取ってくれて1998年4月13日リクルートの福島営業所を開設することができた。当時のリクルートもまた空白の90年代を過ごしており、10年ぶりの拠点開設だった。福島での営業所の立ち上げは大変だった。毎日深夜2時くらいまで仕事をしていた。家では引っ越しの荷物の整理で根を詰めて、妻が体を壊して入院してしまった。卵管癒着という症状でもう子供はできないとの診断だった。妻が入院した翌日に自分も1日入院してしまった。妻がいないとだめなのだと悟った。この立ち上げでは営業と営業庶務を現地採用したが、営業の人間は私と面と向かって過ごすことに1年も経たずに根を上げてしまい、12月末に「また一からがんばろう」って乾杯したのに、その週明けの月曜日から出社しなかった。これが彼との最後だった。売上は上がらない、新しい業務フローは立ち上がらない、妻は入院、メンバーは離反。これには参った。ある日、一人、ファミリーレストランでランチをしていた。何気なく手にした紙製のナプキンに、ボールペンで西暦と自分の年齢、妻の年齢、子どもの年齢を書き始めていた。5年先、10年先、20年先の家族との年齢構成がはっきりして、さらにはいくつでどうなっていたいか・何が欲しいかを書き添えていたところ、急に自らの体から力が湧いてくる感覚があった。

それは、人生を見通してやらねばならないことが明快になったすっきり感、そしてそれに向かう情熱が湧いてきた瞬間だったのだ。猛烈にエネルギーが「湧いてくる」体験。これは人生の計画が明確になる瞬間に出てくるのだと実感した。

現在、私は就職活動をする人に会うのが仕事であるが、人生そのものに悩んでいる人が実に多い。稚拙ながらもいわゆる人生設計を自ら実践してきた私としては、「まずは人生設計をしなくてはいけません」と話している。少なくとも小さいころから職業観を持つことなく生きている日本人が増えている昨今だからこそ、仕事のやる気の源である人生設計は必要なことだと思う。

3　人生設計は幼い時期から始めるべき

人生設計は幼いころからスタートすべきであると思う。以前母校の中学で人生設計の講演をしたことがある。その時はあまりに生徒が騒がしく途中で自分が怒り出してしまい後から反省したのだが、終了後の感想を先生から聞いたところ非常に好反応だった。中学生でも自分の人生の設計に充分関心が持てることがわかった。なぜか？　人生設計をすると先を見通すため目標が明確になり、やることがはっきりして体中にエネルギーがみなぎるからである。人間は小さいころからの積み重ねの中で熟成していく。何をやりたいのか、何が欲しいのかを自分のスケジュールに沿って何度でも自問自答する時間を持ち、目標を達成しながら人生を過ごす人が少しでも増えると良いと思う。

4　スケジュールを決める心地よさ

「いったいあなたは何歳まで生きる計画ですか？」これは私が面談時によく聞く質問だが、あなたは、どのように答えるだろうか。答えにくい質問かもしれないが、決めないとスケジュールが決まらない。長生きするなら今から健康に留意しなくてはならないし、早死にしてもよいのなら相続の手続きを早めに済ませておかないといけない。転職も人生のスケジュールを決めた上で考えること。将来を自分の意志で決めて人生のスケジュールを組んでから転職活動を始めると、納得感の高い転職ができると思う。人生のスケジュールが決まっていないのに、転職を先に考えるというのは後先が逆のような気がする。

ある売り出し中のコンサル会社も、自社のことを別のコンサル会社に依頼をしているという話を聞く。経営者と話をしていても、あそこの会社はここをこうして、この会社はあそこをそうして……というが、自分の会社のことになると途端に迷ってしまい、からきしダメである。転職しようとする人も同じことが言える。自分のことが一番よくわからない。だからこそ人生を設計してスケジュールを決めることが重要なのだ。器量の小さい人が大器になることはないとの言葉どおり、大きな夢を持たなければ大きくはなれない。夢を掲げ、前進を続ける人にしか良い結果はない。従業員ひとり一人が夢を描くことで企業にエネルギーが溢れることにつながると思うのだ。

5　人生設計で大切な視点

人生設計では、自分が何をしたいかも大切だが、自分の大切な人に何をしてあげたいかが、むしろ重要である。自分がしたいことはもちろん実現していくが、大切な人のためにしてあげたいことは義務、つまりすべきことになっていく。この義務感が心地良い目標意識を生む。人生を生きながら実現していきたい自分と、自分にとって大切な人との関係性の中に人間の夢が生まれる。この人生における夢が明確になって初めて、戦略が立つことになる。人生の戦略がたてば人生に必要な「時間」と「お金」が決まる。そしてそれが決まれば、欲しい時間とお金を実現する戦術が決まる。戦術の一つは仕事であり、仕事が決まればいよいよ人生の荒海に出ていくだけだ。このプロセスで仕事を選べば迷わなくなり、仕事に集中して没頭できるようになる。人生設計こそ自分自身をかきたてる道具なのだ。

昨今ワークライフバランスという言葉があるが、私もワークとライフに分け目は不要だと思っている。自分自身が20代の頃は、仕事の時間と土日の休みの時間をしっかり分けようとして、メリハリをつけようとすればするほど、逆に切れ目をつけられず深い淵にはまっていた。その昔、ＣＭにあったような「仕事は余暇のために、余暇は仕事のために」という発想に立つほうが絶対的にうまくいくし充実する。思いきり仕事をするのは余暇のためであり（遊ぶお金を稼ぐ意味）、余暇に思い切り遊ぶのは仕事のためである（疲れを仕事に残すことが遊びの余韻があって楽しい）。人生設計があくまで先にあり、働き方を決めたら後は仕事に没頭する。没頭すれば仕事で成果が出るから仕事が楽しくてしかたなくなるはずなのである。人生設計ができて初めて時間とお金の計画が決まり、その設計を実現するための道具である職業や勤務先企業が決まっていく。本来の職業選択はこの流れであるべきと思う。

おわりに

私の社会人のスタートはリクルートの採用部門であった。本文にもあるとおり人材開発部といい、ここで面接のイロハを教わったのだがこの人材採用の部署ではそれほど出来の良いほうではなかった。

バブル崩壊があって営業に異動となり、宮城・山形県を皮切りに福島県の担当になった4年目に、営業所を開設していただき、合計7年間福島県の経営者達と二人三脚で採用の現場に没頭した。さらに福島県から北海道、新潟県へと転じトータルで15年にわたり、様々な企業の経営者から教えを受けるとともに経営者の根源的な悩みに遭遇してきた。

経営者の悩みとは「夢はあるが思うような人材が採用できない」ということである。ほとんどの企業においては採用が最も頭の痛い問題である。ほとんどの企業経営者の悩みは本書のタイトルに集約していると思う。

私は２００８年にリージョンズ株式会社を設立した。この会社のコンセプトはRegion：「地方」。地方の経営者が企業を成長させていく過程で「欲しい時に欲しい人材を短時間で紹介するサービス」を提供する会社である。そのための鍵は首都圏からの人材調達にあると考えている。自身の会社は北海道・札幌で創業をしたが思いを同じくする全国のエージェントに、立ち上げノウハウを提供して、提携先を増やし全国にまたがるサービスネットワークを築いていく目論見である。

１９９０年代初頭、バブル崩壊で企業経営が急激に厳しくなったために首都圏に集中していた人材は地元にUターン転職したり、首都圏生まれの人が全く縁もゆかりもない土地にIターン転職したりした。地方転職は一時期ブームの様相であった。いまニッポンは人口減少・高齢化という状況の中、リーマンショック後は地方転職に目が向いている状況であり、これが今後高止まりすると私は読んでいる。首都圏からの人材調達に磨きをかけ、さらに地方企業の成長を支援していきたいと念願している。

最後に、私の営業の師匠が２００９年８月に逝去された。甲州賢《こうしゅうまさる》さん。彼の口癖は「人間には限界がある。でもそれはかなり高いところにある」。甲州さんは立教高校の野球部出身で、ＪＴＢに新卒で入社して１年間の添乗（受注日数を添乗するのがルール）記録２５０日という驚異的な数字を達成した。その後リクルートに転じトップセールス倶楽部の一員となった。彼はこのあと「俺はメジャーでやる」と言って外資系生命保険会社に転じ、同社初の二度の社内営業成績日本一に輝く。私はこんな凄い人に１年間付き人同然に同行させてもらった。アポイントの電話のかけ方、営業訪問時のお辞儀の仕方から、顧客との会話の仕方、営業という職業の考え方、目標とは何かなどを自然体で身につけさせてもらうことができた。彼が異動で東京に行ってからは、営業で不調の時はいつも彼の言葉や仕草を思い出してやり直すことができた。甲州さんは私の基本を作ってくれた人だ。

彼と一緒に追いかけた「地方への転職」を支援するサービスは、２００８年７月１日に私が「リージョンズキャリア」として故郷・札幌で新たに立ち上げた。事業として立ち上がった姿を見せたかった矢先に旅立たれた。私は彼に受けた薫陶を胸に、この事業を全国に広げるべく日々精進を重ねていきたいと念願している。

２００９年９月１日には「暮らしたい場所で思い切り働く」ためのサポート会社、株式会社リージョナルスタイルを設立した。

精進していきたい。

〈 参考文献 〉

松下幸之助 「人事万華鏡」／ PHP研究所

松下幸之助 「素直な心になるために」／ PHP研究所

稲盛 和夫 CDセレクション「ラジオ深夜便 素晴しい人生を送るために」／ NHKサービスセンター

マーカス バッキンガム 「さあ、才能に目覚めよう」／ 日本経済新聞出版社

高橋 俊介 「スローキャリア」／ PHP研究所

二村秀幸・国本浩市 「採用選考ハンドブック」／ HRR株式会社

〈 筆者プロフィール 〉

高岡 幸生 Takaoka Yukio

北海道札幌市生まれ。

地方転職「暮らしたいところで思い切り働く」を提唱する株式会社リージョナルスタイル代表取締役、北海道への転職をサポートするリージョンズ株式会社代表取締役。北海道大学法学部卒業後、株式会社リクルート入社。人材開発部での採用実務経験を経て、企業経営者のための面接や選抜など採用実務のコンサルティングを北海道・東北・新潟で15年実践、リクルート狭域HRカンパニー（北海道から沖縄までの東名阪以外の30道県をカバーする地方事業部）のカンパニーオフィサーを経て現職。

「人間暮らすのは地方のほうがいいに決まってる!」がコンセプト。17年間に2000人を超える経営者と会い実践してきた、リクルートでの採用コンサルティングの仕事を通して「どんな会社にどんな人が入社すると最も幸せか」を知る。地方転職でハッピーになる人を一人でも多く生み出したいと考えている。

この本はリーマンショックの直後に書いた本ですので、現在の経済環境で読むと書かれていることに少し違和感があるかもしれません。しかし読み進めていただくと採用活動が時代を超えて普遍的なものだということに気づきます。私はバブル崩壊前夜の1991年に社会人になり、「採用」を職業にして28年目を迎えました。バブル崩壊からの空白の10年、2000年代前半のネットバブル、2005年前後の空前の世界的好景気と2008年のリーマンショック。採用は好不況の波を受けてきたとの実感があります。これからの日本は労働者人口が減っていくため構造的に採用が難しくなっていきます。いまこそ経営者は採用ができるような経営改革に乗り出し、人材確保に本格的な取り組みをすべき時代だと思っています。日本人の採用が難しくなるのなら海外に人材を求めることは自明の理であります。

私はこの本が出版される２年前の2008年に北海道への転職をサポートするリージョンズ株式会社を設立しました。2017年７月13日に創業以来の転職サポート実績が1000名を突破、2018年には創業10年を迎えることができました。また2009年に思いを同じくする社長３人で設立した株式会社リージョナルスタイルは「暮らしたいところで思いきり働ける社会を創造し人類の幸福と地域の成長に貢献する」というビジョンに日本各地の10社の社長が集結、現在では地方転職サポートが全国21エリアで提供されるに至っております。まさに地方創生の核心的課題に事業として取り組んできたわけで、人口減少が本格化するなか、世の経営者に経営革新を迫っていきたいと志を新たにしているところです。この本を読んで採用の重要性を実感するとともに、採用の面白さに気づいた経営者がその採用活動の変革により経営改革を実現していく、そんな会社が一社でも多く出現することを祈りつつ筆を置きたいと思います。

2019年1月　高岡 幸生

【採用を変える、組織が変わる】

初刷 —— 二〇一〇年二月七日
第四刷 —— 二〇一九年一月二三日
著者 —— 高岡幸生
発行者 —— 斉藤隆幸
発行所 —— エイチエス株式会社 HS Co., LTD.
064-0822
札幌市中央区北2条西20丁目1-12 佐々木ビル
phone : 011.792.7130 fax : 011.613.3700
e-mail : info@hs-prj.jp URL : www.hs-prj.jp
印刷・製本 —— モリモト印刷株式会社

ISBN978-4-903707-17-4